ATTROUPEMENS.

LES ATTROUPEMENS épouvantent les enfans, et ne sont rien
quand on ose les affronter. On a vu et l'on verra toujours,
dans les états tant soit peu bien réglés, une poignée de cava-
liers de la force publique dissiper des milliers de canailles
ameutées sans savoir pourquoi, ni par qui. Si la fermeté les
dédaigne, les gouvernemens frivoles s'en effraient et en per-
dent la tête. Ils mettent ordinairement, par la nature de leur
esprit, beaucoup d'importance à des enfantillages; et les femmes, en conséquence, y exercent une grande influence. Ces
dames ont facilement peur : le moindre ATTROUPEMENT, accompagné de quelques vociférations, les fait trembler, et alors
elles cèdent tout ce qu'on veut, pourvu qu'on les rassure pour
le moment.

Les collaborateurs de *Necker* ne négligèrent point le ser-
vice de ces enfans perdus, qu'on pousse en avant, afin d'ex-
citer la terreur, gagner du terrain, et se faire accorder ce
que l'on désire obtenir. Toute la France, pendant le second
ministère du *Genevois*, fut jonchée d'ATTROUPEMENS illicites
et révolutionnaires. Le commandant de la *Normandie*, s'a-
percevant que le peuple s'agitait dans la ville de *Caen* qu'il
habitait, qu'on se préparait à y former des ATTROUPEMENS
séditieux, et que ces symptômes de désordres s'augmen-
taient à vue d'œil, crut en arrêter les funestes suites, en or-
donnant à deux ou trois escadrons d'un régiment de cavalerie en garnison à *Falaise* de venir à *Caen*, dans l'intention,
en cas de besoin, d'en imposer aux tapageurs. Ils y arrivè-
rent au moment même où les groupes commençaient à se ras-

sembler, et le tumulte à se faire entendre. L'officier commandant fait ranger sa troupe vis-à-vis la porte du commandant de la province, descend de cheval et monte chez son chef pour y prendre ses ordres. Il le trouve dans son salon, seul avec son épouse assise dans un coin, affaissée sur son fauteuil et ne disant pas un mot. L'officier de cavalerie répond de sa troupe, propose de tomber, à coups de sabre, sur ces mutins, et de rétablir l'ordre dans tous les quartiers de la ville. Le général allait céder, lorsque tout-à-coup sa femme se relève de son engourdissement, se réveille en sursaut de dessus son siège ; les yeux enflammés et furieuse d'effroi, elle s'écrie : *Vous allez nous faire tous égorger ; au nom de Dieu,* M. de Beuvron, *renvoyez ces messieurs d'où ils sont venus ; qu'ils nous laissent tranquilles ; on ne nous en veut pas personnellement, et nous sommes perdus si les soldats s'en mêlent.* L'époux obéit, la femme se rassure, les escadrons s'en retournent, les bons patriotes de ce temps-là continuent leur train et complètent cette journée *civique*, en dévorant le cœur du *vicomte de Belsunce*, qu'ils venaient de massacrer aux cris de joie et des acclamations réitérées de ces cannibales altérés, *par ordre supérieur*, du sang des *aristocrates*.

Les mêmes causes agirent et produisirent, à quelques nuances près, les mêmes effets dans toute l'étendue de la France.

Avec un bon état-major d'insurrection, rien de si facile que de susciter, à point nommé, de ces ATTROUPEMENS illicites. Plus de 40 mille hommes, à *Marseille*, s'ATTROUPENT par enchantement, autour du *comte de Mirabeau*, se mettent à sa suite, sollicitent ses bonnes grâces, et couvrent sa bienvenue de bénédictions. Ce coup de théâtre frappe et en impose en faveur du héros de la fête, auquel, d'abondance de cœur et sans l'intervention d'aucune autorité apparente, une population entière rend de tels honneurs de triomphe. On s'imagine d'abord que c'est un être parfait dont les services et les vertus ont mérité les justes et respectueux hommages d'un si nombreux concours de citoyens. Pas du tout : c'est un homme sans considération, et souverainement méprisé pour ses méfaits généralement connus dans le pays. Après le spectacle entrez dans les coulisses, et vous serez étonné de la simplicité du mécanisme qui a fait mouvoir cette infinité de marionnettes, toutes à la fois, et vers un sens déterminé d'avance. Voici, pour la satisfaction des amateurs, la manière dont on s'y prit pour opérer le petit tour de *passe-passe* dont nous venons de parler. On peut expliquer de la même façon tous ceux qui lui sont analogues.

Le port de *Marseille* présente un *fer à cheval* dont une extrémité est contiguë aux beaux quartiers de la ville, par la *Cannebière* et le cours; l'autre ferme son bassin à l'issue des rues sales, habitées par les matelots, les ouvriers et les pauvres gens. Il est très-long et si populeux que, de mon temps, en 1788 et avant, on ne pouvait s'y promener qu'en coudoyant ou se sentant coudoyer à chaque pas. *Mirabeau* logeait à la Cannebière, *aux Treize-Cantons*; *Jordan*, avocat et commissaire départi en cette place par le *comité-directeur*, vint l'y chercher. Ils s'abouchèrent ensemble, sortirent bras dessus bras dessous, et longèrent amicalement *ce fer à cheval*, sans que personne ne prît garde à eux. L'autre bout de ce port est, comme nous l'avons déjà dit, rempli de populace, terminé par un marché de poisson, et deux ou trois pas après on se trouve vis-à-vis les bureaux de la quarantaine. Ils possèdent un *bas-relief* à moitié fini, représentant *la peste de Milan*, sous *saint Charles Borromée*, par *Pujet*. C'est assurément le plus beau morceau de sculpture sorti de l'école française; on regrette beaucoup qu'il n'ait pas été achevé. Arrivé devant cet édifice, *Jordan* dit à son *compagnon* : « Vous ne « connaissez pas ce chef-d'œuvre ? entrez, examinez-le avec

« attention, vous en serez émerveillé; quant à moi, je l'ai
« si souvent vu et revu, que je ne m'en soucie plus; je reste
« ici; *je prendrai l'air en vous attendant.* »

Ces deux drôles avaient concerté leur rôle. L'avocat marseillais, sans faire semblant de rien, s'approche de sa marchande de poisson et lui dit : *Connais-tu ce monsieur avec qui j'étais?* — Nenni. — *C'est le fameux comte de Mirabeau. Le roi l'a envoyé ici pour fixer le prix du pain à deux sous la livre. Les prêtres et les nobles s'y opposent; mais c'est un moustachu, et, si le peuple le soutient, il saura bien mettre à la raison ces aristocrates.* — Oh! oh! lou sabiou pas (1). La voisine veut savoir ce qu'on dit, on le lui répète sans peine; les compères s'avancent, prêtent l'oreille, se répandent, et, quelques minutes après, tout le marché couvert de groupes de curieux sut et s'entretint de cette importante nouvelle. C'était un coup monté, et, afin qu'il fût plus sûr, *Jordan,* comme on le pense bien, avait aposté ses affidés, ses agens secrets, ses *malins* en terme technique, et leur avait donné l'ordre de se disséminer au milieu de ces badauds, sans que l'on pût soupçonner la mission secrète qu'ils remplissaient à la sourdine de la part de leurs commettans. Ces *jokeis* diplomatiques, instruits et exercés dans ce genre de négociations, mêlés dans ces différens pelotons, étaient chargés de faire à voix basse des confidences à leurs voisins, de leur répéter les petits mots de nos deux conspirateurs, de les broder, de les commenter, et de les assaisonner chacun à sa manière, mais toujours dans le même sens, dans les mêmes intentions et le même but. Tous ces gens-là, à leur poste, y firent des merveilles; et dans un instant la place de cette poissonnerie fût couverte d'une foule immense, empressée de voir le comte de *Mirabeau,* cet homme par excellence, ce grand précurseur du pain à deux sous la livre.

(1) Je ne le savais pas, en *provençal.*

Il sort sur ces entrefaites des bureaux de la quarantaine, tous les yeux se portent sur lui. *Jordan* l'accoste, le prend sous le bras, et ils s'acheminent lentement pour s'en retourner chez eux. La cohue les suit, de plus en plus elle se grossit en route; elle lui sert de cortége, se resserre, ouvre ses rangs à mesure qu'ils se présentent, et les témoignages les plus flatteurs d'une déférence respectueuse se renouvellent à chaque pas sur leur passage. Cette promenade dura près de deux heures ou deux heures et demie. J'ai souvent fait ce trajet en moins d'une demi-heure. Ils arrivent enfin aux Treize-Cantons, à *la Cannebière*, au domicile de ce héraut d'armes de la révolution. Cette place très-étendue se trouva bientôt remplie de monde, au point de ne pouvoir plus y pénétrer. Parvenu à la porte de son hôtel, *le comte de Mirabeau* salue très-civilement, avec un sourire de protection, les compagnons ou plutôt les marche-pieds de sa renommée future. Il monte chez lui, paraît sur un balcon, accompagné de son fidèle *Jordan*, harangue le peuple et se retire dans son intérieur. L'air aussitôt retentit des applaudissemens réitérés d'une populace bruyante, et des cris cent et cent mille fois répétés de *vive le roi! vive le comte de Mirabeau!* vive le pain à 2 sous!

Cela ne fut pas plus fin; il n'en coûtait pas davantage alors pour faire de nombreux ATTROUPEMENS qui fissent du bruit dans le monde. *Mirabeau* et *Jordan*, à Marseille, en dévoilèrent le secret en 1788. Cet art devint bientôt usuel et s'exerça avec des succès soutenus dans le reste du royaume. Semblables aux fanfarons, ils sont terribles si l'on cède à leurs menaces; ils reculent et s'humilient si on leur tient tête. Ces espèces d'épouvantails font une peur incalculable aux femmes, aux enfans et à ceux qui leur ressemblent; et, dans le délire de leur frayeur, on en a vu casser, briser et jeter tout par la fenêtre.

Les ATTROUPEMENS illicites et impunis devinrent donc la tactique favorite de ces temps-là. *Necker* les excitait et les soutenait de toute la force du gouvernement. On vit, sous les prétextes les plus frivoles, des particuliers soulever le peuple, assaillir les hôtels de ville, exposer au massacre ou à des huées et à des insultes sans nombre, les citoyens qui n'étaient pas de leur parti. Cette manière d'intriguer et d'avoir raison est bien dangereuse. Un état est prêt de sa perte, quand il la tolère trop long-temps. Le roi, la France et *Necker* en ont fait la cruelle expérience.

Les Turcs connaissaient avant nous l'art de former des AT-TROUPEMENS séditieux *pour faire parvenir les désirs du peuple jusqu'à la* SUBLIME-PORTE. Les intrigans de Constantinople, antérieurement au sultan MAHMOUD II, ET à 1825, (1) savaient fort bien soulever la canaille, incendier la ville, favoriser les brigands, mettre les provinces à feu et à sang, porter le trouble et la confusion dans toutes les parties de l'empire. On arrêtait cette licence effrénée, qui bientôt aurait fini par la subversion totale de l'état, en étranglant le *pacha* qui n'avait pas su maintenir l'ordre et la police dans sa province; et si, sans une punition exemplaire, l'esprit de révolte affligeait plus de huit jours la capitale, on coupait la tête au *grand-visir*, au premier ministre qui lui avait laissé faire des progrès si impunément. La France était encore sauvée, si Louis XVI, susceptible d'une minute d'impatience, eût traité à la *turque* son ministre infidèle. Mais, à cette époque, les hommes en place aimaient mieux qu'on leur coupât la tête, que de permettre qu'on la coupât aux conspirateurs, leurs ennemis déclarés. Il ne faut pas disputer des goûts.

(1) Époque de la destruction totale des janissaires.

(Extrait du *Lexicon politique*, ouvrage inédit du chevalier de Sade.)

RÉVEILLON.

Les attroupemens avaient fort bien réussi en province. La discorde, les dévastations, les massacres et les incendies y régnaient à faire plaisir, et nos *Catilina* modernes s'applaudissaient avec raison de leurs brillans succès. Mais la France, gouvernement despotique de fait en 1788, s'il ne l'était pas de nom, craignait plus la populace de sa capitale, que l'ensemble de toutes les autres disséminées sur la surface de ce vaste royaume. *Necker* et sa clique partageaient cette même appréhension ; et le *grand orient* désirait ardemment connaître, par une expérience marquante et décisive, le parti qu'on pouvait en tirer. L'ouverture des états-généraux approchait, et le *comité-directeur* regardait comme de la dernière importance de savoir s'il pourrait soulever la populace à volonté, s'emparer de ses écarts, et la faire agir envers et contre tous, selon les intérêts de la révolution projetée.

Je ne sais quelle fatalité décida que cette déplorable épreuve se ferait à *Paris*, au faubourg Saint-Antoine, séjour d'une nombreuse population, et qu'elle s'exercerait sur la manufacture de RÉVEILLON, fabricant de papier-tapisserie, jouissant d'une excellente réputation, adoré de ses ouvriers qu'il venait de nourrir pendant les rigueurs de l'hiver à une époque où le débit de ses productions était ralenti, un homme enfin généralement estimé de tout le monde. Ses vertus, ses bonnes actions lui valurent sans doute l'honneur insigne de se voir préféré pour être la victime, *l'agneau sans tache* offert en holocauste sur les autels d'un nouveau genre de *liberté* qui, sous l'invocation de la *déesse de la raison*, devait devenir la patrone exclusive et souveraine de la France. Ces

patriotes naissans, sortis tout armés du cerveau de *Necker*
comme l'antique *Pallas* de celui de *Jupiter - Tonnant,*
avaient horreur des honnêtes gens : car c'était à eux à qui
ils en voulaient le plus; il fallait donc les discréditer et empêcher à tout prix que les bons citoyens ne prissent de l'influence. Aussi *Bailly,* ce fameux maire de Paris, en écrivant
ses mémoires trois ou quatre ans après les coups de massue
portés à bras raccourcis sur l'existence de l'estimable Réveillon, ne voyait-il encore dans cet *événement, qu'une erreur et une émeute populaire* (1), sans doute fortuite, n'est-ce
pas, M. l'astrologue ou M. l'astronome, comme l'on voudra ?
Voilà comme les contemporains rapportent les faits qui se
sont passés sous leurs yeux, et les plus instruits par les rôles
qu'ils y ont joués sont ceux dont on doit le plus se méfier.

Par erreur, cas fortuit ou hasard malencontreux, suivant
Bailly, le 28 avril 1789, sept à huit jours avant l'ouverture
des états-généraux, « *six mille* bandits s'attroupèrent sur la
» *place Royale* à Paris, brûlèrent un mannequin qu'ils appe-
» laient Réveillon, lurent un *arrêt du tiers-état* qui le con-
» damnait à être pendu, et se recrutant de factieux ou d'im-
» bécilles, se portèrent sur son établissement. Instruit de son
» péril, il était allé réclamer du secours; mais vingt ou trente
» soldats, chargés de défendre sa maison, n'osaient mettre un
» obstacle aux excès de ces furieux, et en devinrent les
» spectateurs. Tout fut mis au pillage, tout fut brisé; chacun
» attendait dans l'épouvante, mais dans l'inaction, les nou-
» veaux attentats où se porterait cette foule gorgée de vins et
» de liqueurs, et qui poussait des cris effroyables. Enfin un
» nombreux détachement *de gardes françaises et de gardes*
» *suisses* vint les investir dans la maison dont ils s'étaient em-
» parés. Les mutins refusent d'en sortir, se placent aux fe-

(1) *Mémoires de Bailly,* édition Baudouin. Paris, 1821. Tome I, pag. 29.

» nêtres, montent sur les toits, font pleuvoir des pierres et
» des tuiles sur les soldats. Ceux-ci ont d'abord la force de se
» contenir. Enfin, sur l'ordre qui leur est donné de repousser
» la force par la force, les gardes font feu sur les toits; une foule
» de ces malheureux en sont précipités. Les *gardes françaises*
» entrent dans la manufacture; mais ils trouvent ces tapa-
» geurs, barricadés dans tous les appartemens, et se défendant
» avec une opiniâtreté que la seule ivresse pouvait leur suggé-
» rer. Les soldats irrités de cet aveugle acharnement devin-
» rent impitoyables. On croit qu'il ne périt pas moins de quatre
» à cinq cents de ces dévastateurs. Un grand nombre fut trouvé
» dans les caves, empoisonnés par *l'acide nitreux* qu'ils avaient
» pris pour de la liqueur. On en fit prisonnier une certaine
» quantité, la plupart avaient *six ou douze francs* dans leurs
» poches. On reconnut parmi eux deux forçats libérés, qui fu-
» rent condamnés à être pendus. Les Parisiens, vivement émus
» du péril de la capitale applaudirent d'abord aux mesures ri-
» goureuses qui avaient été prises, ils doutèrent bientôt de la
» nécessité d'un si vaste massacre, et le critiquèrent amère-
» ment. » *Tant les cabales de Necker et du grand-orient
avaient acquis d'ascendant sur l'esprit et les langues de ces
pauvres badauds !*

» La cour vit dans le *duc d'Orléans* l'auteur de cette
» émeute, et supposa que c'était par ces scènes d'anarchie
» qu'il préludait à son usurpation. Le roi se fit un devoir d'in-
» demniser *Réveillon* de ses pertes. *La société n'obtint pas
» d'autres réparations, ni d'autres garanties qui la rassuras-
» sent contre les récidives de pareils actes d'une anarchie ré-
» volutionnaire, qui reviendraient de nouveau porter l'a-
» larme dans les différens quartiers de la ville, et peut-être
» du royaume.*

» Le *baron de Besenval*, qui commandait les *gardes suisses*
» dans cette journée, rapporte dans ses *Mémoires*, que tandis

» que les bourgeois de Paris reconnaissaient en lui leur libé-
» rateur, il fut à Versailles, reçu par tous les *courtisans*, avec
» une extrême froideur. » (1) *On sait que ces messieurs ne pensent jamais par eux-mêmes, et qu'ils ne sont que les échos des
sons qui leur viennent de plus haut.*

Ce malheureux début aurait dû tout finir ; au contraire il
commença tout, et les suites l'ont bien prouvé. Après le
combat, on nettoya le champ de bataille. On transporta les
blessés à l'hôpital, les plus nigauds en prison ; et l'on vit les
autres, courir les rues *les* bras ensanglantés jusqu'aux coudes,
et demandant l'aumône pour les *martyrs du tiers-état*. Ces
dupes des révolutionnaires croyaient bonnement, qu'à ce
nom si prôné par les factieux, le public s'intéresserait généralement à leur sort. Les instigateurs ne les dissuadaient pas,
en leur distribuant de grosses sommes, et en les encoura-
geant à prolonger leur quête dans tous les quartiers de Paris.
Des émissaires, apostés de distance en distance, les accueil-
laient, les louaient et demandaient hautement une vengeance
prompte et exemplaire contre les *aristocrates* qui avaient sa-
crifié ces victimes infortunées à leur ambition et à leur ava-
rice. La canaille, dans la stupeur, ne bougeait plus, et les
chefs provocateurs craignaient qu'on ne remontât jusqu'à
eux. Mais on se garda bien de permettre au *parlement de Paris*, de procéder à des enquêtes juridiques, qui eussent trop
tôt mis fin à *Necker* et à la révolution qui venait de com-
mencer.

Quoique cette tentative n'eût pas réussi au gré des factieux,
elle leur fut pourtant très-utile. Cet événement leur confirma
trois faits importans : 1° Que la populace de Paris était dans
les mains de la police, et la police dans celles de la faction.
2° Que l'excellent régiment des *gardes françaises* conservait
encore sa fidélité. 3° Que les chefs des principales autorités,
au contraire, abandonneraient facilement la leur, qu'ils
soutiendraient la révolution, soit par obéissance, soit par
corruption, par ignorance ou pusillanimité, et que les plus
honnêtes d'entre eux se regarderaient trop heureux, si par
leurs soins ils pouvaient se tenir à l'écart.

La vérité et l'importance de ces trois découvertes étant bien
avérées, on débaucha les *gardes-françaises* par les moyens

____

(1) *Histoire de l'Assemblée constituante*, par Charles Lacretelle. Paris 1821.
Tome I, pag. 23.

connus, *et leur colonel,* chaud partisan de *Necker*, s'y prêta de la meilleure grâce du monde.

La défection des gardes-françaises devenait un point capital, et ce n'est pas sans raison que la *clique* y mettait une grande importance. Cet excellent régiment pouvait tomber, d'un jour à l'autre, en de meilleures mains, revenir de ses erreurs, reprendre sa discipline, et dirigé par un cabinet anti-factieux, dissiper jusqu'à l'ombre de ces attroupemens qui ont tant effrayé les femmes et les enfans de la cour et de la ville. Ces moteurs, auxquels on ne savait pas résister à cette époque, entraînèrent le gouvernement à de fausses démarches, à des concessions outre mesure, à se rendre en quelque sorte complice des œuvres de la révolution, et à leur imprimer un cachet officiel et de protection.

Le parti que la cour prendrait relativement aux violences exercées contre le malheureux *Réveillon*, inquiétait la faction qui les avait suscitées. *Necker* s'empressa à la rassurer, Elle n'en devint que plus forte et plus entreprenante. Elle connut mieux son monde, et les personnes sur lesquelles elle pouvait compter. Les dévoués, les *séides*, les tièdes, les indécis, ses amis et ses ennemis déclarés ou clandestins, chacun fut inscrit à sa place, avec des notes marginales qui indiquaient à quoi il serait bon de les employer; leurs moyens, leurs ressources, les services pour et contre qu'on devait attendre ou appréhender, individuellement ou en association des courtisans et des gens en place, que les circonstances forceraient de prendre un parti plus ou moins influent dans les intrigues, les controverses et peut-être les combats qui se préparaient avec activité de part et d'autre. Elle traça ses plans de tactique, et combina ses marches en conséquence des renseignemens assurés et nombreux qu'elle recevait journellement à leur égard : connaissances précieuses et dont elle a tiré de si grands avantages par la suite.

Le public vit cette faction arrogante, tenir la tête haute, marcher tambour battant et drapeaux déployés, au faîte du pouvoir qui cédait toujours, et forcer toutes les autorités civiles et militaires de s'humilier devant elle, et seconder ses desseins, quels qu'ils fussent. C'est ainsi qu'elle sut le lendemain triompher de la défaite qu'elle avait éprouvée la veille. De son côté, ce n'était point du tout maladroit.

Cette démarche fière, cette tactique persévérante, ces

coups audacieux qu'on craignait d'arrêter trop tôt ; cette déférence respectueuse envers leurs auteurs, fauteurs et provocateurs, qu'on avait peur d'offenser, et qu'on n'osait ni recher-
cher, ni punir, en imposèrent furieusement à la multitude
ébahie à la vue de tant de choses si loin de ses habitu-
des et de sa façon de penser. Les députés déjà initiés
dans les secrets de la cabale se renforcèrent dans leurs réso-
lutions. Ils se servirent habilement de la tournure qu'avait
prise l'affaire de RÉVEILLON, pour déterminer plusieurs de
leurs collègues, faibles ou indécis, à prendre le parti de la révolution, et à lui donner des garanties ostensibles dont ils ne
pussent plus se départir. Les états-généraux allaient s'ouvrir
dans huit jours, il était donc essentiel que la conjuration,
dite du *tiers-état*, s'y montrât en force ; afin que, d'entrée de
jeu, tout le monde tremblât et obéît.

En annihilant les gardes françaises, le guet, et en général
les forces militaires aux ordres du roi à Paris, en attendant
qu'on pût les supprimer totalement, la population de cette
vaste capitale devint parfaitement libre. Chacun de ses habi-
tans acquit la permission de faire ce qu'il jugerait à propos,
sans qu'aucune force publique et avouée eût le droit de l'en
empêcher. Dans cet état de confusion, il pouvait se former des
coalitions bénévoles et en sens divers. Les honnêtes gens, les
bons citoyens avaient les mêmes titres que les révolutionnaires
pour se former en parti : c'est incontestable quand on n'est
pas le plus timide ; mais à force de coups on risque d'encou-
rager les faibles à se défendre, et de transformer des agneaux
en loups furieux et intraitables. Ce qu'on ne voit pas aujour-
d'hui peut arriver demain, et *la méfiance est la mère de la
sûreté*.

Les plus coupables sont ordinairement les plus prévoyants :
ils pensent à tout parce qu'ils en veulent à tout. Les révolutionnaires sortaient de cette classe : ils aspiraient à la supré-
matie du pouvoir ; cette prétention les obligeait nécessaire-
ment à détruire les forces de celui dont ils voulaient s'emparer, et d'en créer de nouvelles qui leur appartinssent exclusi-
vement. L'échauffourée qui eut lieu chez RÉVEILLON, *au faubourg Saint-Antoine*, avait laissé la souveraineté dans un état
neutre et indécis, qui ne leur convenait pas complètement.
Leur entreprise n'était encore qu'à mi-chemin. Après avoir
renversé les fortifications du *bon ordre*, ils devaient leur en

substituer d'autres mieux assorties au *désordre organisé*, dont ils tiendraient tous les fils et tous les aboutissans, afin de les faire mouvoir à volonté, selon leurs intérêts et leurs vues ul-térieures.

L'assaut livré à la manufacture de Réveillon, quoique malencontreux aux assiégeans, procura à la faction qui en avait conçu le dessein et présidé l'exécution, des renseignemens précieux sur le caractère, les talents et le courage des sous ordres de la police, employés en qualité de chefs d'escouades, de pelotons, de capitaines, d'aides-de-camp ou de toute autre manière, dans cette fameuse expédition. De ces différents sujets, bien et duement appréciés, on forma des cadres d'officiers qui se remplirent ensuite de grenadiers et de soldats également éprouvés, endurcis aux massacres, ardens au pillage et aguerris par l'*impunité*. Peu de jours après l'invasion de ces barbares sur le territoire de Réveillon, *je ne sais qui*, plénipotentiaire du comité-directeur, rassembla à huis clos, au fond d'une caverne impénétrable aux profanes, un petit nombre des principaux chefs d'élite de cette nouvelle légion occulte; et, au nom de la liberté, de l'égalité et des *droits de l'homme*, il leur parla en ces termes :

« Camarades *sans culottes*,

» Il s'agit d'en avoir, pour cela il faut en prendre et nous
» attaquer aux plus riches, aux mieux étoffés et aux plus con-
» sidérés. Il s'agit de sortir de la bassesse où le sort nous
» laisse croupir et de nous élever aux premiers rangs de la so-
» ciété. Une révolution se prépare, la fortune nous sourit,
» serons-nous assez bêtes pour rejeter ses offres et ne pas
» nous rendre à ses invitations pressantes. *Camarades, on ne*
» *fait point d'omelettes sans casser des œufs ;* en cassant, ren-
» versant, ne laissant pas pierre sur pierre, ni en place au-
» cune des choses existantes maintenant en France, nous la
» régénérerons, nous nous engraisserons ; et quoique nous
» allions couvrir ce beau royaume de monceaux de cendre,
» pétris avec du sang de nos concitoyens, soyez persuadés,
» *frères et amis*, qu'il y restera toujours quelques bons *lopins*,
» dont plusieurs de nos *braves* feront encore leurs *choux gras*.

» Il n'est que ce métier pour brusquer la fortune.

» La misère nous poursuit, la honte nous accompagne, la
» justice nous en veut ; et tel de nous chétif chiffonnier, mé-

» prisable mouchard, mauvais filou et souvent pire, se verra
» tout à coup millionnaire, prince, duc, pair, marquis, mi-
» nistre, maréchal de France; et que sait-on peut-être si des
» rois et des empereurs ne sortiront pas en abondance de nos
» rangs? Plus de bornes à notre ambition; la perspective est
» assez belle, et *vive une révolution!*

 » Courage, héros nés de la déconfiture de RÉVEILLON. Les
» écus, les grandeurs, les couronnes vont pleuvoir sur vos
» têtes à ne savoir qu'en faire. Mais ne vous attendez pas à les
» attraper sans coup férir. Dans les campagnes que nous al-
» lons entreprendre, il y aura des combats, des blessés, des
» morts et des *pendus* à foison. Souvenez-vous

   » Qu'à vaincre sans péril on triomphe sans gloire.

 » Nos victoires soutenues, mêlées sans doute de quelques re-
» vers, ennobliront nos crimes passés, présens et futurs. Ces
» fiers *aristocrates* s'abaisseront devant nous, solliciteront nos
» bonnes grâces, se regarderont très-heureux d'obtenir un
» sourire de bienveillance de notre part, et de ramasser quel-
» ques miettes des bons dîners que nous ferons à leurs dépens
» et à leur barbe.

 » *Carmagnoles*, décidez - vous entre l'avilissement qui
» pèse actuellement sur nous et les honneurs qui nous at-
» tendent, entre l'amour du butin et la crainte de la potence.
» Il faut opter : vous ne pouvez acquérir l'un qu'en affrontant
» l'autre; et les chances de succomber sur un échafaud, illus-
» tres échappés de bicêtre, des bagnes et de divers domiciles
» aussi recommandables, dont les murs retentissent journel-
» lement des récits de vos forfaits héroïques; *enfans de la pa-
» trie*, chevaliers d'industrie, sans peur et sans pitié, vrais
» *patriotes, à la façon de Barbari* mes amis, reculeriez-vous
» à l'aspect de ces fusillades, des bourreaux, de ces vils sup-
» pôts de la tyrannie, objet de notre juste rancune, et que
» nous devons écraser? non : votre réputation méritée me
» répond du contraire. Conservateurs des deniers du public,
» prenons-les sous notre sauve - garde; ne les confions qu'en
» mains sûres, *dans nos poches,* afin d'en faire ensuite *ce que
» de raison.* C'est convenu, dignes soutiens de notre régéné-
» ration future, allons, marchons, *volons,* mettons-nous à
» l'ouvrage, point de faiblesse humaine; *Necker* nous protège,
» le diable nous dirige, et *ça ira, ça ira, ça ira.* »

Le chœur des officiers d'élite et confidentiels, rassemblés dans la caverne, répondit à l'unanimité et par acclamation :

« Oui, VÉNÉRABLE, *ça ira, ça ira, ça ira,* les aristocrates *à
» la lanterne.* De ce pas, nous allons convoquer nos compa-
» gnies respectives, et leur répéter les paroles encourageantes
» que nous venons d'entendre, et nous pouvons vous assurer
» d'avance de l'assentiment unanime de tous nos compagnons
» d'armes. Commandez, *vénérable,* et quels que soient vos or-
» dres, ils seront exécutés selon leur forme et teneur avec zèle,
» dévouement et même au-delà de vos espérances. La RÉVO-
» LUTION OU LA MORT, voilà quel sera dorénavant *notre cri de
» guerre,* et le dernier vœu de notre ambition. Infiniment
» flattés de votre confiance en nous dévoilant vos secrets, per-
» mettez-nous, *vénérable* président, de vous en remercier et
» de vous en témoigner notre vive et sincère reconnaissance
» par un

Vivat, *mascarillus,* fourbum imperator !

» Le 30 avril 1789. »

Ces cadres se remplirent bientôt, ces hordes s'organisèrent parfaitement, leurs officiers et sous-officiers instruits, exer-cés et pleins d'impatience, savaient dans leurs marches atti-rer et incorporer la foule dans le sein de leurs bataillons, grossir ostensiblement leur troupe et en imposer davantage. Une partie de ces volontaires ne restait pas oisive : électrisés par l'exemple, ils rivalisaient de zèle et d'ardeur avec les vé-térans du métier, qui les animaient du feu de leur courage vrai ou simulé. Des observateurs propagandistes mêlés dans ces cohues, suivaient, étudiaient les auxiliaires bénévoles que le hasard et les circonstances amenaient sous leurs dra-peaux ; et il était rare que chaque expédition ne leur fournît pas des recrues excellentes, qui devenaient après quelques campagnes des généraux révolutionnaires du premier rang.

Lanne et Murat ont ainsi commencé.

Les *sans-culottes* enrégimentés sans qu'on voulût s'en aper-cevoir, entretenus en haleine par mille petites escarmouches journalières que l'histoire dédaigne de rappeler, déployèrent ostensiblement leur force et leur vaillance dans les rues de Paris. Les 13 et 14 juillet suivans, au milieu des désordres et des massacres qu'ils effectuèrent en l'honneur de M. *Necker* et du *duc d'Orléans*, leurs fondateurs avoués, ils les accolèrent ensemble, en reconnaissance de la protection publique qu'ils en avaient reçue depuis le premier jour de leur naissance, sous les murs fumans de la manufacture de Réveillon.

Des cendres de cet incendie révolutionnaire soi-disant *patriotique*, on vit sortir des essaims de barbares formant un corps aussi occulte que le *comité-directeur* qui le gouvernait et le faisait agir ; mais parfaitement ameuté, subordonné à ses sous-chefs, obligés de temps en temps à se montrer à découvert quand les intérêts d'une expédition l'exigeaient. Cette milice, grâce à l'audace de ses fondateurs et à la timidité de ses adversaires, peu nombreuse après les désastres de Réveillon, s'accrut aussitôt, si rapidement et d'une manière si effroyable, qu'elle fut en état, les années suivantes, de se partager en différentes bandes ou corps détachés, qui sous les noms de *vainqueurs de la Bastille, de Guillotins, de Marseillois, de Septembriseurs, de Radicaux, Libéralés, Teuthomans, Carbonaris,* etc., etc., etc., se sont répandus sur toute la surface du globe, et en ont ravagé une grande partie.

L'avilissement de la royauté le 23 juin, le soulèvement de Paris le 13 juillet, la prise de la Bastille le 14, l'emprisonnement du roi et de la famille royale le 6 octobre ; ces faits d'affreuse mémoire sortent des domaines de cet article, puisqu'ils se sont passés après l'ouverture des états-généraux, le 5 mai. Mais ces événemens et ceux plus exécrables encore, subséquens à la fatale année de 1789, n'ont ont pas moins été le *produit net,* les suites inévitables, les conséquences nécessaires de l'impunité criminelle ou nonchalante qu'on accorda maladroitement en avril aux dévastateurs de la fabrique de Réveillon.

(Extrait du *Lexicon politique*, ouvrage inédit du chevalier de Sade.)

Le Chevalier DE SADE.

IMPRIMERIE DE A. BARBIER,
RUE DES MARAIS S.-G., N. 17.

www.ingramcontent.com/pod-product-compliance
Lightning Source LLC
Chambersburg PA
CBHW071702030726
47598CB00005B/2198